AF349951

TRES-HVMBLE
REQVESTE
DE THEOPHILE,

A

MONSEIGNEVR LE
PREMIER PRESIDENT.

M. DC. XXIIII.

TRES-HVMBLE

REQVESTE DE

THEOPHILE,

A

MONSEIGNEVR LE

PREMIER PRESIDENT.

I.

PRivé de la clarté des Cieux
Sous l'enclos d'vne voute sombre,
Où les limites de mes yeux
Sont dans l'espace de mon ombre,
Deuoré d'vn ardent desir
Qui souspire apres le plaisir,

A ij

Et la liberté de ma vie ;
Ie m'irrite contre le sort,
Et ne veux plus mal à l'enuie
Que d'auoir differé ma mort.

II.

Pleuſt au Ciel, qu'il me fuſt permis
Sans violer les droicts de l'ame
De me rendre à mes ennemis,
Et moy meſme allumer ma flamme,
Que bien toſt i'aurois euité
La honteuſe captiuité
Dont la force du temps me lie ;
Auiourd'huy mes ſens bien heureux
Verroient ma peine enſeuelie,
Dans vn ſepulchre genereux.

III.

Mais ce grand Dieu qui fist nos
loix
Lors qu'il reigla nos destinées
Ne laissa point à nostre choix
La mesure de nos années,
Quand nos Astres ont fait leur cours,
Et que la trame de nos iours
N'a plus aucun filet à suiure,
L'homme alors peut changer de lieu,
Et pour continuer de viure
Ne doit mourir qu'auecques Dieu.

IV.

Auſſi me puis-ie bien vanter
Que dans l'horreur d'vne aduanture
Aſſez capable de tenter
La foibleſſe de la nature ;
Le Ciel amy des innocens
Fit voir à mes timides ſens
Sa Diuinité ſi propice,
Qu'encore i'ay touſiours eſté
Sur le bord de mon precipice
D'vn viſage aſſez arreſté.

V.

Il eſt vray qu'au point d'endurer
Les affrons de la Calomnie,
Qu'on fit ſi longuement durer,
Ma conſtance ſe void finie
Dans le ſanglant reſſouuenir;
Celuy qui veut me retenir,
Il a les paſsions trop lentes;
Et n'a iamais eſté battu
Des proſperitez inſolentes
Qui s'attaquent à la vertu.

VI.

Mais ô l'erreur de mes esprits
Dans le siecle infame où nous sommes,
Tout ce deshonneur n'est qu'vn prix
Pour passer le commun des hommes,
Combien de fauoris de Dieu
Dans vn plus miserable lieu
Ont senty de pires malices,
Et dans leurs innocentes mains
Qui n'auoient que les Cieux complices
Receu des fers plus inhumains.

VII.

VII.

D'ailleurs l'espine est sous la fleur,
Le iour sort d'vne couche noire,
Et que sçay-je si mon malheur,
N'est point la source de ma gloire?
Vn iour mes ennuis effacez
Dans mon souuenir retracez
Seront eux mesme leur salaire,
Toutes les choses ont leur tour,
Dieu veut souuent que la cholere
Soit la marque de son amour.

B

VIII.

Qui me pourra perſuader
Que la Cour ſoit touſiours charmée,
D'où la peut encore aborder
Le venin de la renommée,
Si VERDVN ouure vn peu ſes yeux
Quel eſprit aſſez captieux
Pourra mordre à ſa conſcience :
De quel vent peut-on eſcumer
Dans ce grand gouffre de ſcience
Pour n'y pas bien toſt abiſmer.

IX.

Grande lumiere de nos iours
Dont les proiects sont des miracles,
Et de qui les communs discours
Ont plus de poids que les Oracles,
Saincte guide de tant de Dieux
Qui sur les modeles des Cieux,
Donnez des reigles à la terre,
Dieu sans excez, & sans deffaut
Vous auez ç'à bas vn tonnerre,
Comme en a ce grand Dieu la haut.

B ij

X.

Le Ciel par de si beaux cráyons
Marque le fil de vos harangues,
Qu'on y voit les mesmes rayons
Du grand tresor de tant de langues
Qu'il versa par le Sainct Esprit,
Aux disciples de Iesvs Chr st :
Paris est ialoux que Thoulouse
Ait eu deuant luy tant d'honneur,
L'Europe est auiourd'huy ialouse
Que la France ait tout ce bon heur.

XI.

Quand ie pense profondement
A vos vertus si recogneuës,
Mon espoir prend vn fondement
Qui l'esleue au dessus des nuës,
Ie laisse reposer mes soins,
Les alarmes des faux tesmoins,
Ne me donnent plus tant de crainte,
Et mon esprit tout transporté
Au milieu de tant de contrainte
Gouste à demy ma liberté.

XII.

C'eſt de vous ſur tous que i'attends
A voir retrancher la licence
Qui fait habiter trop long temps
La crainte auecque l'innocence,
Et quand tout l'Enfer reſpandroit
Ses tenebres ſur mon bon droict
Ie ſçay que voſtre eſprit eſclatte,
Dans la plus noire obſcurité,
Et que tout l'appas qui vous flatte
C'eſt la voix de la verité.

XIIII.

Mais ô l'honneur du Parlement,
Tout ce que i'escry vous offence
Puis qu'escrire icy seulement
C'est violer vostre deffence,
Mon foible esprit s'est desbauché
A l'obiect d'vn si doux peché
Et croit sa faute legitime,
Car la vertu doit aduoüer
Qu'elle mesme est pis que le crime,
Si c'est crime que vous loüer.

F I N.